AF276537

JOSÉ ANTONIO PAGOLA

PASTORAL **R** RENOVADA

COMPROMISO CRISTIANO CON LOS POBRES

PPC

© 2024, José Antonio Pagola
© 2024, PPC, Editorial y Distribuidora, SA
Impresores, 2
Parque Empresarial Prado del Espino
28660 Boadilla del Monte (Madrid)
ppcedit@ppc-editorial.com
www.ppc-editorial.com

ISBN: 978-84-288-4227-3
Depósito legal: M-22532-2024
Impreso en la UE / *Printed in EU*

Introducción

El objetivo de esta reflexión es ayudar a despertar y consolidar el compromiso cristiano ante los pobres. Mi exposición será sencilla. Cuando se trata de actuar ante los que sufren, sobran las grandes palabras. Lo importante es lo que sucede en el interior de cada uno. Lo decisivo es escuchar personalmente la llamada de Cristo.

Abordaré los siguientes aspectos. En primer lugar, trataremos de ver la pobreza tal como se está produciendo en la sociedad contemporánea. En segundo lugar, recordaremos algunas afirmaciones básicas de la fe cristiana ante los pobres y necesitados. Señalaré, después, algunas claves para adoptar una actitud cristiana. Por último, indicaré algunos criterios que pueden ayudarnos a concretar nuestro compromiso en una línea de voluntariado social de inspiración cristiana.

1
Los pobres en la sociedad actual

Antes de nada, hemos de tener una idea suficientemente clara de cómo se está produciendo la pobreza en la sociedad actual. Solo así podremos tomar conciencia de la situación dolorosa de los pobres que viven junto a nosotros.

1. La pobreza producto calculado del desarrollo

Hace unos años, la pobreza era considerada como resultado de la escasez. La sociedad estaba poco desarrollada, se carecía de servicios, infraestructuras, medios de producción. Se tenía la idea de que había pobres porque no había bienes suficientes para todos. Se pensaba que el desarrollo de la sociedad iría eliminando poco a poco la pobreza.

Sin embargo, no ha sido así. Por qué? Porque el progreso que se ha promovido no ha estado orientado a resolver los problemas de todos. Al contrario, el desarrollo actual va logrando un nivel de vida cada vez mejor para unos sectores, pero a costa de excluir y marginar a otra parte de la población.

A nivel mundial, las grandes potencias (Europa, EE. UU. y Japón) aumentan su nivel de vida a base de marginar cada vez más a los países del Tercer Mundo.

En Europa se ha tomado la decisión de desarrollar un sistema económico que asegurará el bienestar cada vez mayor de unos dos tercios de la población, mientras el otro tercio quedará descolgado o excluido. Actualmente hay ya más de 50 millones de pobres en la Comunidad Europea.

En este contexto, la pobreza no es fruto de la escasez. En la sociedad moderna hay medios sobrados para satisfacer las necesidades de todos. Si se comparte, hay para todos. La pobreza actual es el resultado de un determinado tipo de desarrollo.

Los pobres son, cada vez más, un **producto calculado** del sistema. Se acepta como algo normal e inevitable que el desarrollo y el bienestar de un sector de la población traiga consigo la exclusión de otro sector. Los pobres son el sector que ha de ser sacrificado.

2. La configuración de la sociedad actual

Este planteamiento socioeconómico está configurando la sociedad actual de manera nueva provocando poco a poco la aparición de tres sectores diferenciados.

El sector integrado

Son los que, de momento, están seguros dentro del sistema. Tienen trabajo, dinero, posición social, nivel de vida asegurado. Son los integrados en el engranaje.

Normalmente, prefieren no pensar en las víctimas de la crisis económica: amigos, compañeros, familiares que van quedando marginados. Solo piensan en su propia familia.

En este sector crece fácilmente la indiferencia y el individualismo.

El sector amenazado

Son los que ven ya en peligro su futuro laboral y su estabilidad social. Viven al día. Con contratos temporales, jubilación anticipada, trabajos precarios. Con hijos que van creciendo y no encuentran trabajo.

Se ven así impotentes para cumplir sus proyectos. En cualquier momento pueden caer en el camino irreversible hacia la pobreza.

El sector excluido

Son los que han quedado ya fuera. Sin trabajo y sin posibilidades de integrarse en la sociedad del bienestar. Europa no es para ellos.

Este sector se va progresivamente empobreciendo a nivel económico, social, cultural. No pueden mantener el nivel de vida de antes (vacaciones, fines de semana, viajes, restaurantes, relaciones...).

Su vida familiar se deteriora. Pierden la confianza en sí mismos. No esperan gran cosa de la sociedad (partidos, sindicatos). Nunca pensaron encontrarse en este túnel sin salida, pero hoy no ven futuro a sus vidas.

3. Los nuevos rostros de la pobreza

En este contexto socioeconómico van apareciendo en la sociedad actual diversos tipos de pobreza, muy relacionados entre sí, pero que podemos agrupar en torno a algunos polos concretos generadores de marginación.

En torno al paro

El paro, como decíamos más arriba, pone en marcha un proceso de degradación y empobrecimiento progresivo.

Los primeros en notarse son los efectos económicos:

- renuncia al nivel de vida anterior,
- falta de medios para los gastos familiares ordinarios (vestido, escolaridad de los hijos...),
- dependencia del subsidio de paro, de la ayuda de las instituciones, de los parientes...

Al mismo tiempo, se comienzan a advertir otras consecuencias:

- deterioro de las relaciones entre los esposos,
- conflictos entre padres e hijos,
- tentación del alcohol, evasión en el juego,
- depresiones, frustración, falta de autoestima y de estímulo para vivir.

En torno a la familia

Con frecuencia, la familia actual, en lugar de ser un hogar acogedor, se convierte en factor negativo y desintegrador. La crisis familiar se concreta en abandono de la pareja, malos tratos a la mujer o a los hijos, falta de organización familiar, despreocupación por los hijos.

Se trata de una pobreza creciente:

- mujeres abandonadas sin medios para subsistir con sus hijos;
- niños sin hogar acogedor y sin experiencia de amor paternal;
- adolescentes hundidos en el fracaso escolar;
- jóvenes inadaptados, de familias conflictivas e inestables, con riesgo de caer en la delincuencia, droga, alcohol.

En torno a las dependencias

Las diferentes dependencias van creando otro sector creciente de pobres: alcohólicos, drogadictos, adictos al juego.

Un tipo de marginado abocado a una degradación progresiva: enfermedad, SIDA, deterioro psíquico, soledad, prostitución, incomunicación, autodestrucción.

En torno a la vejez

La vejez es, con frecuencia, otro factor de marginación y sufrimiento. Junto al deterioro físico y psíquico propios de la edad, se produce muchas veces aislamiento, falta de afecto de los seres queridos, incapacidad para defender sus derechos.

Son muchos los mayores recluidos en su propio hogar o en residencias, que van viviendo los últimos años de su vida hundidos en la depresión, la soledad o la desesperanza.

Los pobres de "rostro indefinido"

Junto a "los pobres de siempre" –vagabundos, sin techo, desarraigados, sin vinculación familiar, con graves deterioros psíquicos, camino de una progresiva autodestrucción–, la sociedad moderna genera otro tipo de pobres con rostro indefinido:

- personas solas, no queridas por nadie;
- gentes depresivas a las que todo el mundo rehúye;
- esposos y esposas traicionados o abandonados por el cónyuge querido;
- personas mentalmente débiles;
- pobres vergonzantes;
- gentes solitarias sin entorno familiar.

2
Algunas convicciones cristianas

El compromiso nace siempre de unas convicciones claras y firmes. No es una corazonada. No es una actuación momentánea. Es un posicionamiento, un estilo de vida que compromete de forma permanente a toda la persona.

La fe en Jesucristo lleva necesariamente a mirar a los pobres de una determinada manera y a comprometer la vida a su servicio. Vamos a recordar tres elementos básicos en la fe cristiana.

1. Creer en Dios significa trabajar por el pobre

A lo largo de toda la historia bíblica, Dios se va revelando como Alguien que está siempre a favor de los que sufren, los maltratados, los pobres. El libro de Judit lo resume bien:

"Tú eres el Dios de los humildes, el defensor de los pequeños, apoyo de los débiles, refugio de los desvalidos, salvador de los desesperados." (Jdt 9,12)

Por eso, cuando Jesús anuncia la llegada de un Dios que quiere reinar entre los hombres, se dirige a los pobres como los primeros que han de escuchar este anuncio como una buena noticia:

"El Espíritu del Señor esta sobre mí y me ha ungido para que dé una Buena Noticia a los pobres." (Lc 4,18)

Según Jesús, el Reino de Dios es bueno para los pobres, para hombres y mujeres que viven en necesidad. Se trata, según toda la tradición bíblica, de los indigentes, los indefensos, las víctimas de los poderosos, personas incapaces de defender sus derechos frente a los abusos de los fuertes, gentes a las que nadie hace justicia, para las que no hay sitio en la sociedad ni en el corazón de las personas.

Pero ¿por qué el Reino de Dios es Buena Noticia para los pobres y no para los ricos? ¿Es que Dios no es neutral? ¿Son, acaso, los pobres mejores que los demás para merecer el Reino de Dios antes que nadie y para tener un trato especial de parte de Jesus?

El carácter privilegiado de los pobres no se debe a sus méritos, ni siquiera a su mayor capacidad para acoger el mensaje de Jesús. La pobreza, por sí misma, no le hace mejor a nadie. La única razón es sencillamente que son pobres y están abandonados, y Dios, Padre de todos, no puede reinar en la humanidad sino haciendo justicia precisamente a estos hombres y mujeres a los que nadie hace (*cf.* Sal 72,12-14; Sal 146,7-10).

Los pobres son hombres y mujeres necesitados de amor y de justicia. Por eso, es bueno para ellos que se imponga en la sociedad el Reino de Dios y su justicia. Si de verdad reina Dios entre los hombres, en esa misma medida ya los poderosos no reinarán sobre los débiles, los ricos no explotarán a los pobres, los varones no abusarán de las mujeres, el Primer Mundo no oprimirá a los pueblos pobres de la Tierra.

Por otra parte, si reina de verdad Dios y reinan su amor y su justicia, ya no reinarán el dinero, el lucro, el propio bienestar, como "señores absolutos". Ya lo dijo Jesús:

"No se puede servir al mismo tiempo a Dios y al Dinero." (Lc 16,13)

Allí donde se esté trabajando en la línea del Reino de Dios y su justicia, allí habrá siempre buenas noticias para los pobres, aquello será bueno para los pobres. Y, viceversa, allí donde los pobres no noten nada bueno, donde no perciban ninguna buena noticia para ellos, allí sigue ausente el Reino de Dios.

Si nuestra vida está al servicio del Reino de Dios, esa vida será algo bueno para los pobres. Pero si nuestra vida no es percibida como algo bueno por los necesitados, los abandonados, los que sufren soledad y marginación, nos tendremos que preguntar al servicio de qué Dios estamos trabajando.

2. El pobre, memoria viviente de Cristo

El Evangelio cambia radicalmente nuestra manera de mirar a los pobres y, por tanto, nuestra manera de entender la sociedad actual. Los pobres, el sector excluido de la sociedad, ellos son precisamente "la memoria viviente de Jesús".

"La Iglesia descubre en los pobres y en los que sufren la imagen de su Fundador pobre y doliente." (*Lumen gentium* 8)

Esta manera de mirar al pobre viene exigida por el mismo Jesús que se identifica para siempre con los pequeños, los que tienen hambre, los que están desnudos, los enfermos, los encarcelados.

"En verdad os digo que cuanto hicisteis a uno de estos hermanos míos más pequeños, a mí me lo hicisteis." (Mt 25,40)

Pablo VI llega a decir que los pobres son

"sacramento de Cristo, no ciertamente idéntico a la realidad eucarística, pero sí en perfecta correspondencia con ella".

Esto significa que no hemos de buscar a Cristo solo en los sacramentos o en las páginas del Evangelio. Los pobres son un "lugar cristológico".

A Cristo se le encuentra hoy en el sector excluido. Cristo nos habla hoy desde esa situación de pobreza y sufrimiento; desde ellos, Cristo nos interpela, nos invita al amor comprometido.

Desde esos pobres, nos llama a la conversión, desenmascara nuestro cristianismo, cuestiona nuestra manera de vivir la fe y el culto, rompe nuestros esquemas y nuestra tranquilidad y nos urge al servicio y al compromiso.

Difícilmente nacerá en nosotros un auténtico compromiso si no es escuchando esta llamada de Cristo desde los mismos pobres.

Las preguntas que hemos de hacernos son graves:

- Si no estoy en comunión con los pobres, los indefensos, los abandonados de esta sociedad, ¿por qué caminos comulgo con Cristo?
- Si no miro con amor a los pobres, si no los defiendo, si no estoy cerca de ellos, ¿a qué Jesucristo miro con amor, a qué Jesucristo defiendo, a qué Jesucristo sigo?
- Si, de alguna forma, mi vida no es compromiso a favor de los pobres, ¿cómo entiendo y vivo mi compromiso cristiano?

3. Seguir a Jesucristo es llevar la Buena Noticia al desvalido

Seguir a Jesucristo significa sentirse llamado a llevar una Buena Noticia a los pobres, pues el mismo Jesús afirma que ha sido enviado a "anunciar a los pobres una Buena Noticia" (Lc 4,18).

En esto consiste, en su núcleo esencial, el compromiso evangelizador: en sentirse llamado a ser Buena Noticia para los pobres, siguiendo los pasos de Jesús. Por eso, es importante recordar cómo se sitúa Jesús ante ellos.

Hacer sitio

Jesus es alguien que "hace sitio" en su propia vida al dolor, a la soledad, a la impotencia de los que no tienen sitio en la sociedad. Este es un dato fundamental: Jesús, antes de proporcionar ayuda, se acerca, hace sitio al pobre, a la prostituta, al enfermo, al enajenado, al leproso... es decir, a todos aquellos que viven en el mundo, sin que el mundo sea para ellos un hogar.

Este es el primer dato: Jesús se acerca a aquellos a los que se les cierran todas las puertas, los que no saben a dónde recurrir, los que se topan día a día con las barreras que les levantan los poderosos.

El compromiso cristiano comienza por "hacer sitio" en nuestra vida, en nuestras preocupaciones, en nuestro tiempo, en nuestra acción pastoral a los que no tienen sitio en esta sociedad.

Defender al débil

Es otro rasgo fundamental de Jesús: defender siempre a los débiles, los que viven agobiados por el peso de la vida, del olvido, de la enfermedad, de la miseria, de la soledad. Los que están desamparados. Los que no pueden valerse por sí mismos.

Nosotros hablamos de "pobres", pero Jesús habla muchas veces de "los pequeños", los que no tienen poder ni fuerza para defenderse, los que no son "grandes" en nada.

La actuación de Jesús es conocida: rompe barreras sociales, se sienta a la mesa con los marginados, toca a los leprosos, crea comunicación, rehabilita, recuerda a todos la dignidad de cada hombre y de cada mujer.

Este es otro dato fundamental. Los exégetas y estudiosos resumen así la actuación de Jesús:

- Ch. Dodd habla del "inédito interés de Jesús por lo perdido".
- E. Bloch recuerda "la tendencia hacia abajo" de Jesús.
- L. Boff destaca que Jesús se dirige preferentemente a "los no-hombres".
- M. Fraijó habla de "la predilección de Jesús por lo débil, por el que no es capaz de valerse por sí mismo".

El compromiso cristiano va creciendo en nosotros cuando comenzamos a interesarnos más por los débiles, cuando en nuestro corazón hay una tendencia a acercarnos a los que están abajo, en último lugar, cuando sentimos predilección por los débiles y nos ponemos de su lado de forma concreta y comprometida.

Salvar lo perdido

Es otro rasgo de Jesús. Casi una obsesión. Jesús habla en sus parábolas de la oveja perdida, del hijo pródigo, de la moneda extraviada. Es el lema de su vida:

"El Hijo del Hombre ha venido a buscar y salvar lo que estaba perdido." (Lc 19,10)

Este es el dato: dentro de la sociedad israelita, Jesús se hace presente allí donde la vida aparece más amenazada y deteriorada. Él se siente enviado a las ovejas perdidas de la casa de Israel (*cf.* Mt 15,24), es decir, los excluidos, los últimos, los perdidos, los que la sociedad de Israel ha ido dejando fuera. La gente abandonada, traicionada por sus dirigentes:

"Al ver a la gente, sintió compasión de ella porque estaban cansados y agotados, como ovejas sin pastor." (Mt 9,38)

Jesús entiende que así ha de ser también la actuación de sus discípulos:

"Dirigíos a las ovejas perdidas de Israel." (Mt 10,6)

Jesús se pone al servicio de toda la sociedad (ricos y pobres, santos y pecadores), pero comienza a partir de los últimos. Esta es la manera cristiana de situarse en la sociedad. Estar junto a los últimos, acercarse a los que se están perdiendo, defender y elevar las vidas que se están echando a perder.

Esta cercanía de Jesús a "los perdidos" está hecha de gestos concretos de apoyo, acogida personal, defensa, curación, escucha, perdón, rehabilitación, integración a la convivencia.

Con su actuación, Jesús les va revelando un "nuevo rostro de Dios". Les hace palpable la ternura y el cariño de Dios. Sus gestos encarnan y hacen realidad el amor del Padre hacia esos seres, los más perdidos y desvalidos. Así lo han percibido los leprosos excluidos de la convivencia, los enfermos psíquicos, los mendigos de Jerusalén, las viudas desvalidas, los samaritanos discriminados como extranjeros, los desamparados por la ley, los pecadores excluidos del templo, las gentes agobiadas por la vida, los niños, los pequeños.

Dice Marcelino Legido que "le han reconocido como la mano amorosa del Padre extendida hacia ellos". Con su vida y servicio, Jesús es el signo de que Dios no los abandona.

Por ahí va el compromiso cristiano. Hacerse presente allí donde la vida aparece más deteriorada y malograda, y, desde ese servicio al hombre humillado, desvalido, pobre y enfermo, anunciar a todos que Dios es amigo de la vida, de la dicha, de la salvación de todo ser humano.

3
Algunas actitudes
de fondo

¿Cómo seguir a Jesucristo y ser Buena Noticia para los pobres de hoy? ¿Cuál puede ser nuestra actitud y nuestro compromiso ante la pobreza y la marginación en la sociedad contemporánea?

No voy a precisar acciones concretas en los diversos campos. Voy a hablar de actitudes, es decir, de unas posturas de fondo, que dan una orientación global a nuestra vida, una disponibilidad básica de la que luego podrán derivarse compromisos concretos. Sugiero algunas pistas que nos animen a buscar el compromiso personal o comunitario.

1. Frente a la idolatría del bienestar, austeridad

No es necesario detenernos en largos análisis. Nuestra sociedad está dominada por el anhelo de bienestar y la idolatría del dinero. En los sectores de los integrados y seguros se respira un clima en el que apenas cuentan otros valores si no es el dinero, el éxito, el consumo, el bienestar, el fin de semana, el último modelo de coche, la moda. En esos ambientes se habla de la crisis, pero no se escucha el grito de los que sufren. Se protesta de la situación política, pero se vive cada vez mejor.

Hemos de recordar que existe una actitud profundamente cristiana, la primera vivida por el mismo Jesús al encarnarse entre los pobres. Es el atrevimiento de la pobreza voluntaria, elegida solo por servicio al Reino de Dios:

"Felices los pobres porque vuestro es el Reino de Dios." (Lc 6,20)

Vivir la pobreza evangélica encierra una gran energía liberadora. Nos hace más libres frente a la sociedad del bienestar y frente al progreso, cuando este esclaviza y produce marginación.

Nos libera de vivir pendientes de la posesión de cosas, del prestigio social o de la moda. Nos deja con las manos más libres para actuar al servicio de los pobres.

Por otra parte, nos pone un poco más cerca de los necesitados. Nos da más capacidad para estar de su lado, para escuchar sus problemas, para transformar nuestro corazón, para descubrir dónde están los verdaderos valores de la vida.

2. Frente al desarrollo inhumano, defensa de la persona

La ciencia y el desarrollo técnico solo tienen sentido humano si están al servicio de la persona. Pero, cuando se ponen al servicio de un sector privilegiado y se convierten en dogma incontestable y criterio único de medidas económicas que marginan y hunden en la miseria a otros sectores desfavorecidos, se convierten en factor de opresión y deshumanización.

No se trata de despreciar la ciencia o el progreso sin más, sino de ponerlos siempre al servicio de las personas. Vivimos un momento histórico en el que es necesario defender a la persona como valor primero que no debe ser sacrificado a nada ni a nadie. Nada puede justificar que se sacrifique a los más desafortunados de la sociedad, mientras el resto vivimos cada vez mejor.

Hay una sentencia del Eclesiástico que hemos de recordar en esta sociedad, cada uno desde su propia responsabilidad:

"Privar de alimento al pobre es como asesinarlo." (Eclo 34,22)

Hay ya entre nosotros sectores que no tienen lo suficiente para subsistir, pues han sido marginados por medidas económicas que los han dejado sin trabajo, por medidas legales que impiden la integración de extranjeros, etc.

La reacción fácil de la sociedad es la discriminación, el olvido de los parados, el resentimiento hacia los extranjeros, la xenofobia, la defensa de la seguridad ciudadana contra los delincuentes, etc. Pero ¿quién piensa en esas personas despojadas de futuro, metidas en un túnel sin salida?

El compromiso cristiano significa siempre defensa de las personas: ayudar a los parados, luchar contra la discriminación, reaccionar contra el rechazo a los extranjeros, defender a los maltratados por la sociedad, estar junto a los presos, sostener a la familia que se hunde. En una palabra, buscar siempre el bien de la persona, defender sus derechos y su dignidad.

3. Frente a una cultura individualista, solidaridad

Uno de los rasgos de la sociedad actual es el individualismo y la insolidaridad. Cada uno se preocupa de su bienestar y de su futuro. La consigna es "sálvese quien pueda". No importa que todo siga igual, con tal de que a mí y a mi familia nos vaya bien.

Aparece así el corporativismo insolidario: se reivindican los derechos del propio grupo o sector. La gente se moviliza cuando están en juego los propios intereses. Las huelgas y manifestaciones de otros colectivos no hacen sino molestar.

Es urgente promover una nueva conciencia inspirada por la solidaridad que, según Juan Pablo II, es

"la determinación firme y perseverante de empeñarse por el bien común, es decir, por el bien de todos y cada uno, para que todos seamos verdaderamente responsables de todos." (*Sollicitudo rei socialis* 38)

Esta conciencia de solidaridad exige:

- despertar la responsabilidad colectiva hacia las víctimas,
- suscitar la sensibilidad hacia su situación de necesidad,
- promover la integración de los marginados,
- desarrollar el compartir,
- criticar la competitividad como valor absoluto.

Compromiso cristiano quiere decir hoy comprometerse en crear otra cultura, otro tipo de convivencia social.

4. Frente a la insensibilidad social, misericordia

En la sociedad moderna crecen la insensibilidad y la apatía. Estamos muy lejos de aquella "civilización del amor" que deseaba Pablo VI. El desarrollo de la técnica, la búsqueda de eficacia y rendimiento, la organización burocrática de los servicios, traen consigo el riesgo de reprimir la "civilización del corazón". La ternura, el cariño, la acogida cálida a cada persona van siendo barridos de la sociedad. Cada vez hay menos lugar para el corazón.

Muchas personas viven hoy la pobreza de afecto, de cariño, de amor cercano. Son personas a las que nadie escucha, nadie espera en ningún sitio, nadie acaricia y besa. Personas que no cuentan para nadie. Las instituciones y los servicios sociales pueden cubrir un tipo de necesidades materiales, pero no pueden ofrecer amistad, escucha, comprensión, cariño, ternura.

El compromiso cristiano está llamado hoy a introducir misericordia en esta sociedad, "poner corazón" en los engranajes de la vida moderna, liberar de la soledad, acompañar en la depresión, aliviar la vejez, sostener la vida del desvalido.

5. Frente al fatalismo, responsabilidad y compromiso

En pocos años se ha pasado del optimismo a la desilusión. La sociedad atraviesa hoy una fuerte crisis de esperanza.

Crece el escepticismo y el pesimismo. Se piden sacrificios a la gente, pero no se ven los resultados. Ya no se cree en las promesas de los políticos. No se espera mucho de los expertos. No se cree en las palabras y los proyectos.

Es el momento de actuar de forma responsable y comprometida, sin perder la esperanza. Dos convicciones nos han de animar:

- El hombre no ha perdido capacidad de ser más humano y de organizar la sociedad de forma más humana. Lo que se necesita es reaccionar y comprometerse en una nueva dirección, liberándonos de esquemas y mecanismos deshumanizadores.

■ Por otra parte, el Espíritu de Dios sigue actuando. "Donde abunda el pecado, sobreabunda la gracia" (Rom 5,20). Incluso los pobres, que hoy sufren las consecuencias de una sociedad poco humana, son "portadores de esperanza", pues su situación está clamando algo realmente nuevo.

De los satisfechos e instalados no se puede esperar gran cosa, pero sí de los pobres y de quienes están con ellos. Lo importante es permanecer junto a las víctimas, apoyar su causa, valorar sus vidas como algo precioso, y comprometernos en su defensa.

4

Rasgos de un compromiso cristiano de voluntariado

Voy a señalar algunos aspectos que ayuden a concretar el sentido y el contenido del compromiso cristiano en la línea de un voluntariado social. Entre todas las definiciones posibles, diría que un voluntario cristiano es toda persona que, inspirándose en su fe y movida por su amor solidario a los desvalidos, se compromete a destinar su tiempo libre, en asociación con otras personas, a prestar un servicio gratuito en algún campo de marginación o pobreza.

1. Concienciación

El punto de partida de todo compromiso es la concienciación. El cristiano, trabajado por su fe, comienza a mirar el sufrimiento de los marginados con ojos diferentes, no se siente indiferente ante las diversas injusticias que se producen ante sus ojos, se sensibiliza cada vez más ante las necesidades de los últimos.

Poco a poco, en él va creciendo el inconformismo ante una sociedad en la que está ausente el Reino de Dios y su justicia. Sabe que un mundo donde no hay justicia, ni siquiera como ideal o búsqueda, no es un mundo humano.

Poco a poco se va despertando en él un deseo de vivir de una manera diferente, trabajando por el desarrollo de una vida más humana para todos. Se va suscitando en él la vocación cristiana a introducir el Reino de Dios y su justicia en la sociedad actual.

2. Decisión inspirada por la fe

La concienciación puede llevar a tomar la decisión de comprometerse. No es una decisión asumida por motivos ideológicos o intereses políticos, sino por coherencia con las exigencias de la fe.

Este compromiso no es un simple añadido al resto de la vida. Una especie de *hobby*. Es expresión de una postura de servicio que, poco a poco, afecta a toda la persona. En realidad, no se puede separar el tiempo dedicado al "servicio voluntario" del estilo de vida de la persona. Ser voluntario no es solo realizar una determinada actividad en un momento concreto. Es, además, toda una forma de vivir que va modelando poco a poco a la persona.

El compromiso de un servicio de voluntariado marca a la persona. Da un sentido humano y cristiano a su vida, le saca de la apatía y la pasividad ante el sufrimiento ajeno, le ayuda a descubrir mejor sus posibilidades, le permite sentirse protagonista de la humanización de la vida en algún campo, le enseña a trabajar en equipo, le va enraizando en valores como la crítica constructiva, la gratuidad, la solidaridad, el trabajo creativo.

3. La entrega del tiempo libre

El voluntario no da cosas, se da a sí mismo. Ofrece su persona, sus cualidades, su trabajo. Concretamente ofrece su tiempo libre. Esto significa que entiende ese tiempo como servicio a los demás y no como trabajo para sus propios intereses. En su vida hay un tiempo en el que esa persona se determina a actuar solo en favor de los demás.

Este compromiso del voluntario introduce una verdadera revolución en la concepción del tiempo libre propio de la sociedad competitiva y hedonista. Es un "tiempo para los otros", un tiempo consagrado al servicio de los débiles, un tiempo comprometido en la transformación de la sociedad, un tiempo de denuncia práctica y profética de la sociedad moderna.

4. Desde la comunidad cristiana

El voluntario cristiano no actúa por libre, en solitario, promoviendo acciones individuales. Actúa desde una comunidad cristiana, haciendo presente a la Iglesia en el mundo de los marginados.

Esto no obsta para que ese compromiso inspirado por la fe pueda llevarse a cabo no solo en instituciones y asociaciones propias de la Iglesia, sino también en otras de naturaleza no eclesial.

En cualquier caso, la acción del voluntario se lleva a cabo desde el trabajo en equipo. Una acción individual o de un pequeño grupo de amigos, por muy generosa y entusiasta que pueda ser en un primer momento, fácilmente termina en el desaliento o la dispersión de fuerzas si no se encuadra en una asociación o institución.

No hay que menospreciar ni quitar mérito a quien, por su cuenta y riesgo, se dedica a ayudar a los demás. Pero en una sociedad donde los problemas son complejos, la labor individual resultará a la larga menos efectiva que el trabajo coordinado.

5. Con carácter permanente

El compromiso del voluntario exige una continuidad en la prestación de servicios. Se trata de una colaboración estable, regular, y no esporádica o intermitente. Hay personas que, por diversas razones, solo pueden comprometerse en acciones puntuales. Ciertamente esa colaboración puede ser muy valiosa y necesaria. Pero, si se quiere llevar adelante un servicio eficaz, es necesario contar con voluntarios de compromiso permanente.

Por otra parte, este carácter estable del compromiso es importante, pues implica con más fuerza a la persona, la ayuda a conocer con más profundidad los problemas y sus raíces, permite una mayor experiencia y capacitación.

6. Servicio gratuito

Otro rasgo del compromiso voluntario es su carácter no retribuido. El voluntario escucha en su corazón la invitación de Jesús:

"Gratis lo recibisteis, dadlo gratis." (Mt 10,8)

Esta gratuidad no es solo un rasgo admirable de su amor generoso y desinteresado. Es un gesto que invita a una "cultura alternativa". Ese trabajo realizado de manera gratuita rompe la dinámica consumista y competitiva.

En una sociedad donde todo tiene un precio, esa gratuidad es un gesto de protesta que cuestiona el valor absoluto que se le concede a lo económico. El dinero no lo es todo. Se puede servir a los demás de una manera nueva y diferente.

Por otra parte, ¿cómo se puede retribuir la escucha, la cercanía, la amistad ofrecida al pobre? ¿Cómo se puede pagar el amor?

7. Vida solidaria

Todo el compromiso del voluntario está motivado, orientado y realizado por el sentido de solidaridad. Juan Pablo II describe en su encíclica *Sollicitudo rei socialis* cuatro momentos en el proceso de "hacerse solidario":

- Sentir los males de tantas personas cercanas o lejanas.
- Tomar conciencia de la interdependencia que existe entre los hombres y entre los pueblos.
- Llegar a la "firme convicción" de que lo que frena un desarrollo más humano es el afán de ganancia y la sed de poder.
- Por último, tomar "la determinación firme y perseverante de empeñarse por el bien común; es decir, por el bien de todos y cada

uno, para que todos seamos verdaderamente responsables de todos" (n. 38).

La persona comprometida en un trabajo voluntario va creciendo en vida solidaria: siente las necesidades de los otros como propias; se siente responsable del bien de los demás; es capaz de dar la cara por otros; sabe defender algo no para sí, sino para beneficio de los demás; en vez de competir, se dedica a compartir; en vez de obsesionarse por ganar, sabe dar y ayudar. Poco a poco, su vida se hace cada vez más fraterna y solidaria.

8. Formación adecuada

Para vivir de manera responsable el compromiso de servicio a los marginados no basta la buena voluntad. Es necesaria una preparación adecuada. Una formación inicial para capacitarse, y una formación permanente para seguir actualizando y desarrollando esa capacitación primera.

Es conveniente que esta formación se lleve a cabo no solo de forma teórica sino en contacto con la problemática concreta en que trabaja el voluntario. Y no de manera individual y aislada, sino en grupo.

En el documento *La Iglesia y los pobres* publicado por la Comisión Episcopal de Pastoral Social, en febrero de 1994, se dice así (n. 85):

"El voluntario es portador de una cultura de la gratuidad y de la solidaridad, en medio de nuestra sociedad competitiva, interesada y pragmática, hedonista, insolidaria e individualista. Los voluntarios sociales, por no tener otra motivación en su trabajo más que el respeto y el amor a sus semejantes, suponen un grito profético en favor de la fraternidad y de la solidaridad, testificando día a día que la última palabra no debe tenerla el intercambio ni la contraprestación, sino el reconocimiento del otro y sus necesidades.

Nuestra sociedad y nuestra Iglesia están necesitando de un verdadero ejército de voluntarios, no para la guerra, el odio y la violencia, sino para la paz, la justicia y el amor; de un ejército de voluntarios sociales que se ocupen y preocupen de acoger, atender, escuchar, orientar, ayudar, sostener y levantar a todos aquellos ciudadanos y hermanos a los que la sociedad empobrece y maltrata."

Índice